CATALOGUE

des Tableaux de Galerie et de Chevalet,

Dessins, Etudes, Livres de Croquis,

DE M. LOUIS DAVID.

CATALOGUE

des Tableaux de Galerie et de Chevalet,

Dessins, Etudes, Livres de Croquis,

DE M. LOUIS DAVID,

Peintre d'Histoire,

Et d'Estampes, tant Anciennes que Modernes,

Dont la vente publique et aux enchères aura lieu, par suite de son décès, les 17 *avril* 1826, *et jours suivans, heure de midi*, dans la salle de la rue du Gros-Chenet, n°. 4,

Et dont l'exposition sera publique les trois jours qui précéderont celui de la Vente, de midi à quatre heures.

Ce Catalogue, rédigé par M. Pérignon,

SE DISTRIBUE A PARIS,

CHEZ
- M. DAVID fils, rue Cadet, n°. 11;
- M. MONTEAUD, Notaire, rue Louis-le-Grand, n. 7;
- M. FLEURIAU-DE-PONFOL, Commissaire-Priseur, rue Beaubourg, n°. 52;
- M. PÉRIGNON, rue du Dauphin, n°. 1, près celle de Rivoli;
- M. DELAUNAY, libraire, galeries de bois, Palais-Royal.

A BRUXELLES, chez M. Michel STAPLEAUX, élève de M. DAVID, Marché aux herbes.

Le nom de David, si célèbre dans les arts, peut seul servir d'avant-propos au catalogue de ses ouvrages; il est au-dessus des éloges et des réflexions que l'on voudrait faire sur de pareilles productions, surtout dans un travail circonscrit et qui doit être achevé dans un temps limité. La décision de livrer, de suite, à l'empressement impatient des amis des arts, les productions laissées par ce grand artiste, n'a donc pas permis d'entrer dans les longs détails qu'auraient exigé une description complète d'ouvrages aussi riches de composition et aussi parfaits; la plupart jouissent déjà depuis long-temps de la haute réputation qu'ils méritent, et les compositions inédites sont en petit nombre.

L'exposition des productions importantes et des études laissées par l'illustre peintre des Thermopyles, va montrer toutes les périodes de sa gloire et de ses succès, depuis le moment où son maître, Vien, l'a jugé capable de changer la route de l'école et de la mettre au premier rang, jusqu'à celui où il a produit les Sabines, les Thermopyles, et enfin jusqu'au moment où, presque à la fin de sa carrière, il a peint le tableau de Mars et Vénus, que la fraîcheur des idées, la grâce du pinceau et le charme de la couleur classent au rang des productions heureuses de l'artiste dans la force de son talent. Ce tableau de galerie, que M. David considérait comme le mieux coloré qu'il eût produit, fait partie de l'exposition. Il est accompagné de celui d'Andromaque pleurant Hector, dont la réputation est déjà ancienne; d'une ébauche avancée, à laquelle M. David travaillait en 1812, représentant Apelles peignant Campaspe devant Alexandre; de dessins importans; de tableaux et portraits historiques de nos temps, dont l'intérêt va toujours croissant à mesure que les événemens s'éloignent, que les passions s'éteignent, et qu'on ne voit plus dans ces productions, que des monumens historiques et authentiques, autant remarquables par la grandeur des scènes qu'ils représentent, que par le talent et le génie supérieur de l'artiste qui les a tracées.

Le nom de David, si célèbre dans les arts, peut seul servir d'avant-propos au catalogue de ses ouvrages; il est au-dessus des éloges et des réflexions que l'on voudrait faire sur de pareilles productions, surtout dans un travail circonscrit et qui doit être achevé dans un temps limité. La décision de livrer, de suite, à l'empressement impatient des amis des arts, les productions laissées par ce grand artiste, n'a donc pas permis d'entrer dans les longs détails qu'auraient exigé une description complète d'ouvrages aussi riches de composition et aussi parfaits; la plupart jouissent déjà depuis long-temps de la haute réputation qu'ils méritent, et les compositions inédites sont en petit nombre.

L'exposition des productions importantes et des études laissées par l'illustre peintre des Thermopyles, va montrer toutes les périodes de sa gloire et de ses succès, depuis le moment où son maître, Vien, l'a jugé capable de changer la route de l'école et de la mettre au premier rang, jusqu'à celui où il a produit les Sabines, les Thermopyles, et enfin jusqu'au moment où, presque à la fin de sa carrière, il a peint le tableau de Mars et Vénus, que la fraîcheur des idées, la grâce du pinceau et le charme de la couleur classent au rang des productions heureuses de l'artiste dans la force de son talent. Ce tableau de galerie, que M. David considérait comme le mieux coloré qu'il eût produit, fait partie de l'exposition. Il est accompagné de celui d'Andromaque pleurant Hector, dont la réputation est déjà ancienne; d'une ébauche avancée, à laquelle M. David travaillait en 1812, représentant Apelles peignant Campaspe devant Alexandre; de dessins importans; de tableaux et portraits historiques de nos temps, dont l'intérêt va toujours croissant à mesure que les événemens s'éloignent, que les passions s'éteignent, et qu'on ne voit plus dans ces productions, que des monumens historiques et authentiques, autant remarquables par la grandeur des scènes qu'ils représentent, que par le talent et le génie supérieur de l'artiste qui les a tracées.

Enfin, les études diverses du grand maître qui a formé tant d'artistes célèbres, vont être, dans cette exposition, un objet du plus haut intérêt ; il sera facile de suivre pas à pas, dans ces études, la marche de celui qui a élevé l'école presque subitement d'un style maniéré et languissant à une sévérité et à une pureté dignes des grands maîtres d'Italie, et qui savait, à son gré, varier sa propre manière, selon les sujets qu'il avait à représenter.

La famille de M. David n'a rien réservé de ses ouvrages ; elle a voulu, par une vente publique, mettre à même chaque galerie, soit publique, soit particulière, de s'enrichir de ces productions, et elle s'est refusée à des offres considérables, désirant que cette occasion fût commune à tout le monde.

Presque tous les tableaux de M. David sont classés d'une manière invariable ; cette occasion est donc peut-être la seule qui se présentera d'ici à long-temps.

Des cachets et des paraphes mis par MM. David fils, à chaque tableau, esquisse, dessin ou étude, en garantissent l'originalité ; et l'on aura, par ce moyen, l'avantage que chaque objet sortant de cette vente mémorable, conservera, dans tous les temps, son authenticité.

La vente sera terminée par les estampes, dont la désignation se trouve à la fin de ce catalogue.

CATALOGUE

DES TABLEAUX,

DESSINS, ÉTUDES, LIVRES DE CROQUIS,

PAR M. DAVID *.

TABLEAUX.

1. Mars désarmé par Vénus et les Grâces; composition de six figures. Mars est assis, il dépose ses armes, tandis que l'Amour, en souriant, détache ses cothurnes. Vénus va placer sur sa tête une couronne de roses; les Grâces lui ont déjà ôté son casque, son bouclier, son arc et son carquois; l'une d'elles verse le nectar qu'elle va présenter au dieu de la guerre. Un temple d'ordre corinthien sert de fond et se détache sur l'azur du ciel, dont les nuages légers entourent toutes les figures et les enveloppent d'une vapeur douce qui en fait ressortir la couleur brillante.

Dans ce tableau, du style le plus élevé, l'ar-

* Une suite intéressante d'estampes, la plupart avant la lettre, est désignée à la suite de cette première partie du catalogue.

tiste transporte le spectateur dans le séjour des dieux d'Homère ; la noblesse des formes, la délicatesse du coloris, le charme du pinceau, l'élégance des accessoires, tout est réuni pour séduire et faire illusion. *Largeur* 8 *pieds, hauteur* 9 *pieds* 4 *pouces; peint sur toile.*

2. Andromaque pleurant Hector. Tableau de réception à l'Académie.

Dans une des salles du palais de Priam, le corps d'Hector est placé sur un lit funèbre ; sa tête est couronnée de lauriers, ses armes sont près de lui ; Andromaque, éplorée, prévoit dans la mort de son époux les désastres d'Illion et la perte prochaine de son fils Astyanax, qu'elle presse dans ses bras ; un riche candelabre, qui rend une lumière pâle, des branches de cyprès, répandues à terre, accompagnent cette scène de deuil.

Ce tableau, du style sévère que demandait un sujet aussi noble et aussi touchant, est remarquable par le pathétique des expressions et par la belle exécution qui distinguait déjà le talent de M. David à cette époque ; cette production date de 1783. *Hauteur* 8 *pieds* 6 *pouces, largeur* 6 *pieds* 3 *pouces ; peint sur toile.*

3. Appelles peignant Campaspe devant Alexandre ; ébauche avancée, composition de trois figures.

Le peintre d'Alexandre-le-Grand est assis devant le tableau où il trace les charmes et la pose gracieuse qu'offre à ses regards la belle Campaspe, tandis que l'illustre conquérant, oubliant son rang dans l'atelier de son peintre favori, examine avec attention l'artiste et le modèle, et semble deviner les sentiments qui les animent. Ces figures sont entourées d'accessoires qui forment des lignes heureuses et variées, et présentent un ensemble parfait. Cette ébauche, où tout décèle le grand maître, est déjà vigoureuse et colorée, et traitée de manière à pouvoir prendre place dans une belle collection. *Largeur 4 pieds, hauteur 2 pieds 10 pouces; peint sur bois.*

4. Romulus, d'après le tableau des Sabines. Cette belle étude est groupée avec deux figures représentant des guerriers morts, et se détache sur un fond indiquant une fortification à demi-bâtie. Les parties que M. David a ajoutées à cette étude la composent d'une manière nouvelle, et en font un tableau original. *Hauteur 7 pieds 5 pouces, largeur, 6 pieds; peint sur toile.*

5. Bonaparte, premier consul, franchissant le mont Saint-Bernard; il indique les montagnes qui restent à parcourir. Les noms d'Annibal et de Charlemagne sont tracés sur les rochers. On remarque dans l'éloignement les soldats et l'artillerie. Ce

portrait équestre, traité dans le style historique, est aussi remarquable par la composition où brille tout le génie de l'artiste, que par la beauté de l'exécution. *Hauteur* 8 *pieds* 3 *pouces, largeur* 6 *pieds* 11 *pouces; peint sur toile.*

6. Portrait de Napoléon en habits impériaux; il est représenté debout et est entouré d'accessoires et de riches draperies brodées d'or, qui donnent à ce tableau un aspect brillant et une force de ton extraordinaires; la tête est exécutée avec le plus grand soin. *Hauteur* 8 *pieds* 9 *pouces, largeur* 7 *pieds; peint sur toile.*

7. Un autre portrait de Napoléon, représenté également debout et en habits impériaux, mais différent dans le mouvement, notamment dans celui de la tête. Ce précieux tableau est terminé dans tous ses détails; la tête pleine d'expression est d'un pinceau suave et d'une couleur brillante. *Hauteur* 50 *pouces, largeur* 22 *pouces; peint sur bois.*

8. Une petite esquisse terminée, représentant Napoléon aussi en habits impériaux et debout; l'expression de la figure est d'un caractère plus sévère et plus prononcé que dans les deux désignés plus haut. *Hauteur* 18 *pouces, largeur* 15 *pouces; sur bois.*

9. Marat, ex-conventionnel, assassiné dans sa baignoire; il est représenté au moment où il expire, le corps et la tête renversés, un des bras tombant, l'autre tenant encore un écrit. On aperçoit à terre le couteau dont il a été frappé, le jour qui glisse sur la figure et laisse dans l'ombre la poitrine où l'on voit sa blessure, éclaire tous les accessoires d'une lumière pâle qui accompagne parfaitement la teinte de la mort répandue sur les carnations. Près de la baignoire on voit pour tout meuble, une table rustique où sont une écritoire et quelques papiers.

10. Michel le Pelletier, ex-conventionnel, sur son lit de mort; le torse nu laisse voir sa blessure dans le côté, et se détache sur des linges blancs, rendus de manière à faire illusion et qui produisent, comme dans le tableau précédent, un effet large et frappant. L'artiste a placé au-dessus de l'ex-conventionnel, un sabre suspendu à un crin, comme l'épée de Damoclès. Ces deux tableaux exécutés dans la plus grande force du talent de M. David, et d'une perfection extraordinaire dans toutes les parties, présentent le caractère de vérité austère d'une scène tragique de Schakespeare, et ne peuvent manquer de produire un grand effet sur ceux qui cherchent les sensations fortes. Ils n'ont point vu le jour de-

puis long-temps, et ne seront point exposés. Les personnes qui voudraient avoir des renseignemens sur ces deux ouvrages, pourront s'adresser à M. David fils, rue Cadet, n°. 11. *Hauteur 4 pieds* 9 *pouces, largeur* 4 *pieds* 2 *pouces; peints sur toile.*

11. La mort du jeune Barra, ébauche; cette étude nue est d'un sentiment de forme admirable, la tête pleine d'expression, excite l'intérêt qu'inspirent la grâce et les charmes de la jeunesse, à leurs derniers momens. Le reste du tableau n'est qu'un léger frotis. *Largeur* 5 *pieds* 4 *pouces, hauteur* 4 *pieds* 4 *pouces; peinte sur toile.*

12. Un carton extrait de la composition du serment du jeu de Paume, où les études nues des principales figures sont au trait et légèrement massées d'une teinte égale; quatre têtes sont peintes, celles de Mirabeau, Barnave, Dubois de Crancé, et du père Gérard. Ce carton tracé à grands traits à la manière des grands maîtres, est un morceau d'école, où la science du dessin de David se montre tout entière. Le reste de la toile sur laquelle se trouvent quelques indications, a été séparé avec le plus grand soin et sera livré à l'acquéreur qui pourra facilement la remettre dans son état primitif. *Largeur* 22 *pieds, hauteur* 13 *pieds.*

13. Académie d'une grande vigueur d'exécution; elle représente un homme dans la force de l'âge, couché sur une draperie jaune, au milieu de rochers. *Largeur 5 pieds 4 pouces, hauteur 3 pieds 9 pouces; peinte sur toile.*

14. Une autre Académie, vue de dos et exécutée dans la même manière. *Largeur 5 pieds 4 pouces, hauteur 3 pieds 9 pouces; peinte sur toile.*

15. Portrait ébauché de madame Recamier. Elle est représentée assise sur un lit de repos à l'antique, la tête de trois quarts, est tournée avec grâce vers le spectateur; elle est coiffée en cheveux, ajustée d'une robe blanche. L'abandon de la pose, l'élégance de l'ajustement et surtout les charmes de la figure et l'exactitude de la ressemblance, donnent un grand prix à cette ébauche; elle pourrait par l'art avec lequel elle est disposée, soutenir la comparaison avec les ouvrages les plus soignés et les plus avancés. *Largeur 7 pieds et 1/2, hauteur 5 pieds 4 pouces; peint sur toile.*

16. Portrait de madame Pastoret, en pied et composé, *ébauche.* Elle est assise près du berceau de son enfant. Cette ébauche complète et très-avancée a tout le mérite que l'on peut apprécier dans ce genre de peinture; elle brille par la grâce du dessin par la précision dans l'indica-

tion des détails et par un ensemble parfait. *Hauteur 4 pieds, largeur 3 pieds; peint sur toile.*

17. Portrait de madame Trudaine, en pied, *ébauche.* Elle est représentée assise, la tête est de trois quarts et coiffée de longs cheveux noirs; une robe noire, un fichu blanc et une ceinture bleue composent l'ajustement et font valoir le coloris de la figure qui se détache d'une manière ferme sur un fond rouge. *Hauteur 4 pieds, largeur 3 pieds; peint sur toile.*

18. Portrait de Bailli en buste, ébauche d'une vérité extraordinaire.

19. Portrait de M. Grégoire, la tête presque de face, les yeux levés; ébauche faite dans la plus belle manière et qui a tout le mérite que l'on pourrait trouver dans une étude terminée.

20. Portrait de M. Prieur de la Marne, ébauche qui peut passer pour le modèle le plus parfait de ce genre de peinture, la tête est levée et de profil, elle est d'un modelé et d'une couleur admirables.

20 *bis.* Portrait de M. Kervelegand, ancien maire de Nantes; *ébauche,* la tête est de face.

21. Portrait de M. Joubert, receveur général des états du Languedoc et qui a été un des premiers fondateurs de l'ouvrage si connu de la galerie

de Florence. Il est représenté assis ; son habit noir et sa coiffure à la mode du temps, sont indiqués avec une naïveté parfaite ; cette ébauche est remarquable par la manière savante avec laquelle le grand maître a indiqué l'ensemble et les détails. *Hauteur 4 pieds, largeur 3 pieds; peint sur toile.*

22. Portrait de M. le comte Estève, conseiller-d'état et trésorier général de la maison impériale; ébauche très-avancée, dont la tête est presque terminée; il est représenté plus qu'à mi-corps. *Hauteur 3 pieds 4 pouces, largeur 2 pieds 6 pouces; peint sur toile.*

23. Une étude au trait pour un portait équestre de Napoléon, la figure est tracée au crayon, le contour du cheval est légèrement indiqué par un frotis à l'huile. *Hauteur 8 pieds 6 pouces, largeur 6 pieds 3 pouces.*

24. Étude peinte d'après un cheval arabe pour un de ceux du tableau des Sabines. *Largeur 3 pieds 6 pouces, hauteur 2 pieds 9 pouces.*

25. La Cêne d'après le Valentin; cette copie de la plus belle exécution offre une aisance et une facilité de pinceau qui semblent annoncer plutôt une production de l'imagination, qu'une imitation;

cette copie a été faite à Rome; on ne peut croire en la voyant qu'elle ne soit aussi parfaite que l'original; c'est une chose curieuse et remarquable qu'une copie de main de maître, surtout quand elle est aussi belle et aussi achevée que l'est celle-ci. *Largeur* 6 *pieds* 11 *pouces*, *hauteur* 4 *pieds* 6 *pouces; peinte sur toile.*

COMPOSITIONS, DESSINS DE STYLE HÉROIQUE, ET SUJETS HISTORIQUES ANCIENS ET MODERNES.

26. Le serment du jeu de Paume. Ce dessin le plus capital et le plus terminé, qui ait été fait par M. David, est aussi célèbre par l'étendue de la composition, par le nombre de portraits qu'il offre à la curiosité, que par la perfection de son exécution et la science qu'on y admire. Il est tracé à la plume et lavé au bistre. *Largeur* 38 *pouces*, *hauteur* 25 *pouces.*

27. Léonidas avant le combat des Thermopyles. Ce dessin très-important est arrêté dans toutes ses parties; il est à la plume et au lavis, à l'encre de la Chine. Il a précédé l'exécution du tableau. *Largeur* 10 *pouces* 1/2, *hauteur* 7 *pouces* 3/4.

28. Hector se fait armer pour aller combattre Achille. Andromaque le voit partir avec douleur; Astyanax est auprès d'elle. Ce dessin est composé de plus

de huit figures. Il est au lavis et rehaussé de blanc. Cette composition inédite est la seule que M. David ait tracée pour ce sujet. *Largeur* 9 *pouces* 3/4, *hauteur* 8 *pouces.*

29. Vénus blessée par Diomède, vient se plaindre à Jupiter: l'Amour intercède pour elle; composition de cinq figures. Elle est dessinée au lavis sur papier de couleur et rehaussée de blanc. Elle est inédite et la seule que M. David ait faite pour ce sujet. *Hauteur* 9 *pouces*, *largeur* 6 *pouces* 1/2.

30. Homère charmant par ses chants les Grecs qui l'entourent; composition riche et dessinée à l'effet à l'encre de la Chine; l'artiste a varié les expressions des assistans : les uns sont entraînés par le génie du père de la poésie, mais quelques envieux se bouchent les oreilles et résistent à ses inspirations.

31. Le couronnement de Napoléon, *première idée. Largeur* 16 *pouces*, *hauteur* 9 *pouces* 1/2.

32. Distribution des aigles au Champ-de-Mars. Dans ce dessin une victoire occupe le haut de la composition, ce qui offre une différence remarquable avec le tableau qui a été exposé. *Largeur* 11 *pouces*, *hauteur* 6 *pouces* 3/4.

33. L'entrée à l'Hôtel-de-Ville (*composition qui n'a*

pas été exécutée) ; ces trois dessins sont à la plume et au lavis, à l'encre de la Chine. Les deux premiers ont précédé l'exécution des tableaux. *Largeur* 16 *pouces, hauteur* 9 *pouces* 1/2.

34. Deux dessins terminés au crayon noir, sur papier blanc, offrant des groupes de six têtes, hommes, femmes et enfans, compositions dans le style des bas-reliefs antiques; dans l'une on remarque Homère la lyre à la main et dans un moment d'inspiration. *Hauteur* 6 *pouces* 1/2, *largeur* 4 *pouces* 1/2.

35. Un dessin au crayon noir, sur papier blanc, offrant deux têtes, l'une de jeune fille, l'autre de vieillard. *Hauteur* 6 *pouces, largeur* 4 *pouces* 1/2.

36. Deux dessins au crayon noir, sur papier blanc, représentant l'un, une jeune fille, l'autre un vieillard. *Hauteur* 6 *pouces, largeur* 4 *pouces* 1/4.

37. Homère est endormi, deux jeunes filles lui apportent du pain. Sujet esquissé à l'encre de la Chine, sur papier blanc.

38. L'exécution des fils de Brutus, composition inédite; elle est indiquée au crayon, le groupe des consuls est seul tracé à la plume.

39. Brutus rentré dans ses foyers après l'exécution de ses fils; dessin au crayon et à l'estompe.

40. Attilius Marcus Régulus quitte Rome et va se livrer aux tortures que lui préparent les Carthaginois ; il s'arrache des bras de sa femme, de ses enfans et de ses amis ; cette composition fort riche est indiquée au crayon et en partie tracée à la plume.

41. Horace après avoir tué sa sœur Camille, est défendu par son père qui, plaidant sa cause devant les commissaires nommés pour le juger, en appelle au peuple et fait commuer sa peine ; cette composition d'un grand caractère, est tracée au crayon, et terminée dans quelques parties au lavis et à la plume.

CROQUIS POUR DIVERSES COMPOSITIONS ET D'APRÈS L'ANTIQUE.

42. Petit croquis très-précieux, première idée du sujet de Léonidas aux Thermopyles.

43. Un autre dans la même manière pour le tableau des Sabines.

44. Un croquis pour le tableau de Brutus après la mort de ses fils.

45. Un autre sujet du serment des Horaces.

46. Un croquis au crayon et tracé à la plume dans quelques parties, représentant Bélisaire demandant l'aumône.

47. Un précieux croquis au trait au crayon, représentant Homère la lyre à la main et conduit par son jeune guide.

48. Quatre croquis à la plume et au lavis à l'encre de la Chine, faits d'après des bas-reliefs antiques à Florence; *ils sont sur une feuille.*

49. Quatre autres dans la même manière, faits au musée du Capitole à Florence.

50. Une feuille de six croquis, compositions, groupes et figures.

51. Une autre feuille aussi de six croquis du même genre.

52. Une feuille de sept dessins et croquis compositions diverses.

53. Groupe de Régulus et de sa fille, dessiné sur papier de couleur; fragment de la composition décrite plus haut.

ÉTUDES ET CROQUIS POUR DES SUJETS MODERNES, PORTRAITS ET COSTUMES.

54. Neuf dessins à l'aquarelle pour les costumes commandés par la Convention et pour celui des Consuls. *Cet article sera divisé.*

55. Une tête dessinée à la plume, sur papier blanc, d'après Marat, mort.

56. Deux études à la plume et au lavis, pour un sujet destiné à la toile de l'Opéra; ces études représentent Pierre Bayle, Beauvais et Châlier.

57. Petit croquis au crayon noir, portrait de la princesse Borghèse, de profil, fait de souvenir.

58. Un petit croquis au crayon noir, portrait de Vien, en buste, *de forme ronde.*

59. Un petit croquis au crayon rouge, d'après une paysanne de Frascati; elle est vue à mi-corps.

PAYSAGES.

60. Un paysage au lavis, à l'encre de la Chine, sur un trait à la plume. Les premiers plans sont dans l'ombre, les seconds plans sont éclairés par quelques échos de lumières.

61. Un paysage à la plume et au lavis, au bistre, représentant les murs de Rome, du côté de Saint-Jean de Latran; on y remarque quelques groupes de figures.

62. Un paysage avec figures, sur papier de couleur, non terminé; il est au trait à la plume et massé au lavis et au blanc dans quelques parties.

63. Deux paysages, vues d'Italie, à l'encre de la Chine. (*Sur une feuille.*)

64. Cinq croquis représentant des paysages; ils sont à l'encre de la Chine. (*Sur une feuille.*)

65. Quatre paysages à la plume et au lavis, à l'encre de la Chine, vue de Monte Cavallo, vue prise de la place du Capitole, et deux vues de Campo Vacino. Ces paysages et beaucoup d'autres qui ornent les livres de croquis, prouvent combien un peintre supérieur dans le genre historique, est propre à saisir et à rendre les beautés du paysage. Ces dessins parfaitement classiques sont du plus grand intérêt.

LIVRES DE CROQUIS.

66. Douze grands livres de croquis composés d'études d'après des bas-reliefs antiques, de figures d'après l'antique, de paysages, presque tous sites d'Italie, et de calques.

Ces livres de croquis sont pour ainsi dire le dépôt précieux des diverses études, et des inspirations de M. David, et démontrent d'une manière précise la route qu'il a prise pour arriver au grand but qu'il s'était proposé, celui de régénérer l'école, il est à souhaiter que des modèles aussi classiques, soient toujours par la suite destinés à guider les jeunes artistes, et à perpétuer les grands principes de la peinture. *Cet article important formera douze lots.*

67. Un livre d'études au crayon et de calques pour la composition du serment du jeu de Paume.

68. Un livre de croquis, très-intéressant, contenant des croquis et études, la plupart pour le Léonidas et quelques-unes pour le tableau de la distribution des aigles.

69. Un livre de croquis, contenant diverses études et notamment des têtes et figures pour le tableau des Thermopyles.

70. Un livre contenant diverses figures et groupes dont quelques-unes pour le tableau de Brutus.

71. Un livre contenant, parmi plusieurs études, quelques-unes pour le serment du jeu de Paume.

72. Un livre contenant diverses études, figures et groupes pour le tableau du serment du jeu de Paume, têtes, caricatures et compositions.

73. Un livre contenant des études, figures et groupes, la plupart pour le tableau des Sabines.

74. Un livre d'études, figures et groupes dans le style antique, ou pour les Thermopyles et les Sabines.

75. Un livre d'études, la plupart d'après nature, des personnages qui ont été placés dans le tableau du couronnement.

76. Un livre intéressant d'études de figures et groupes pour le tableau des aigles.

77. Un livre contenant des études, la plupart pour le tableau des aigles et quelques poses de portraits de femmes.

78. Un livre d'études au crayon pour diverses figures et groupes, compositions pour les aigles et un portrait du pape Pie VII, à la plume.

79. Un livre fort intéressant, contenant des études au crayon, la plupart d'après nature, pour le tableau du couronnement.

80. Un livre contenant plusieurs études dont une d'après l'Apollon et d'autres pour des figures du couronnement.

81. Un petit livre contenant diverses études au crayon et une petite vue, au lavis, de l'église de Notre-Dame, le jour du couronnement.

82. Un petit-livre où se trouvent plusieurs études pour le tableau de Mars et Vénus.

83. Un très-petit livre contenant diverses études de figures et groupes dont plusieurs pour le tableau des Thermopyles.

84. Un livre de figures, groupes et compositions, dont quelques figures d'après l'antique, massées au lavis.

85. Un livre contenant des études, caricatures, figures, groupes, paysages au trait et massés au lavis.

86. Un livre de croquis, contenant des études diverses, paysages et autres légèrement indiqués.

87. Un livre assez grand contenant des compositions indiquées légèrement au crayon et des opérations de perspective.

88. Un livre de croquis assez grand contenant des têtes au crayon rouge et noir et diverses études, poses de portraits, etc.

89. Un livre contenant des croquis et études, figures et groupes divers.

90. Un petit livre où sont tracés des compositions et croquis.

91. Un volume, contenant des calques.

ÉTUDES EN PORTEFEUILLES.

92. Deux compositions au trait pour le sujet de Léonidas avant le combat des Thermopyles, une autre aussi au trait et différente pour le même sujet.

93. Le père Horace réclamant pour son fils, croquis au crayon.

94. Étude d'après nature pour le tableau des Horaces, un croquis endommagé pour le même tableau.

95. Un croquis légèrement indiqué, représentant Appelles peignant Campaspe devant Alexandre; un autre tracé à la plume sur un calque, sujet de Pâris et Hélène.

96. Deux calques, compositions différentes pour le sujet de Caracalla tuant son frère Jetta.

97. Cinq études de draperie aux crayons noir et blanc pour diverses figures du tableau de la mort de Socrate.

98. Trois autres dans la même manière pour les femmes du tableau des Sabines.

99. Deux autres sur une feuille pour le même sujet, et une autre pour un jeune écuyer faisant partie du même tableau.

100. Une étude de draperie aux crayons noir et blanc pour la figure d'Hélène dans le tableau de Pâris et Hélène.

101. Une étude aux crayons noir et blanc sur papier de couleur pour la figure de Camille du tableau des Horaces; *cette étude est aux carreaux*.

102. Deux études de draperies dessinées avec soin au crayons noir et blanc pour les figures de Sabine et de Camille du tableau des Horaces.

103. Une étude de draperie dans la même manière pour la figure du père Horace.

104. Une étude dans la même manière pour une des femmes du tableau de Brutus.

105. Une étude pour un portrait de Napoléon.

106. Plusieurs dessins d'après l'antique, d'après nature ou d'après des tableaux.

107. Deux têtes colossales.

108. Neufs dessins, plusieurs études anatomiques.

109. Trois études dont une étude entière de cheval au crayon, une tête de cheval aussi au crayon.

110. Une caricature, deux contre-épreuves d'architecture et des études diverses qui seront divisées sous ce n°.

111. Les ouvrages de M. David qui n'auraient pas été catalogués seront divisés sous ce n°.

ESTAMPES ENCADRÉES ET EN FEUILLES.

112. La Transfiguration, d'après *Raphaël*, *avant toutes lettres*, par *M. Girardet.*

113. Le silence de la Vierge, par *M. Massard*, d'après *Raphaël.*

114. Le saint Michel, *avant la lettre*, par *M. Tardieu*, d'après *Raphaël.*

115. La sainte Cécile, *avant la lettre*, par *M. Massard*, d'après *Raphaël.*

116. La Vierge à la chaise, d'après *Raphaël.*

117. La descente de croix, d'après *Le Carrache*, par *Roullet.*

118. Les sept sacrements, d'après *Le Poussin.*

119. Huit paysages, d'après le même.

120. Le testament d'Eudamidas, d'après *Le Poussin.*

121. L'enlèvement des Sabines, d'après le même, par *M. Laurent*, *lettres grises.*

122. Le déluge, par *M. Laurent*, d'après *Le Poussin.*

123. Le serment des Horaces, *avant la lettre*, d'après *M. David.*

124. La même estampe, *lettres grises.*

125. La même, sur papier de soie.

126. Le Bélisaire.

127. La mort de Socrate, *avant la lettre.*

128. La Cananéenne, d'après *Drouais*, par *M. Desnoyers.*

129. La bataille d'Austerlitz, *avant la lettre*, d'après M. le baron *Gérard*, par M. *Godefroi.*

130. L'Amour et Psyché, *avant toutes lettres*, d'après M. le baron *Gérard*, par M. *Godefroi.*

131. Le Bélisaire, d'après M. le baron *Gérard*, par M. *Desnoyers.*

132. Ossian, *avant la lettre*, d'après M. le baron *Gérard.*

133. Les trois âges, d'après M. le baron *Gérard*, par M. *Pigeot.*

134. Le portrait de Napoléon, par M. *Desnoyer*, d'après M. le baron *Gérard.*

135. Le portrait du prince Bénévent, d'après M. le baron *Gérard.*

136. Le portrait de Napoléon à la Malmaison, par M. *Godefroy*, d'après *M. Isabey*.

137. Sept estampes, d'après les sculptures de *Canova*.

138. Un lot considérable d'estampes en feuilles, la plupart *avant la lettre*, d'après divers tableaux de *M. David*. Cet article, qui n'a pu être décrit au moment de l'impression du catalogue, sera divisé.

139. Plusieurs estampes encadrées et en feuilles, d'après *Le Parmesan*, *Le Corrège*, *Le Titien*, *Le Carrache*, *l'Albane*, etc., etc., qui seront divisées.

140. Les articles omis seront divisés sous ce numéro.

FIN.

IMPRIMERIE MOREAU,
rue Montmartre, n. 39.

www.ingramcontent.com/pod-product-compliance
Lightning Source LLC
LaVergne TN
LVHW010406240826
846091LV00020B/2814

* 9 7 8 2 0 1 3 4 6 1 0 4 7 *